Début d'une série de documents en couleur

LA LÉVITATION

ET LA

REVUE SCIENTIFIQUE

(AVEC PLANCHE)

PAR

J.-ÉMILE FILACHOU

Docteur ès Lettres.

> Tous les mystères érigés en dogme par la doctrine chrétienne *existent* dans la nature : seulement, on ne sait pas les y voir.
>
> (Rom., I, 20.)

MONTPELLIER
LÉPINE (Ancienne Maison Seguin)
Rue Argenterie, 25.

PARIS
DURAND & PEDONE-LAURIEL
Rue Cujas, 9.

1886

En Vente chez SEGUIN, Libraire
rue Argenterie, 25, à Montpellier

OUVRAGES DU MÊME AUTEUR

Examen de la rationalité de la Doctrine Catholique. 1 vol. in-8°. 1849.

La clef de la Philosophie, ou la vérité sur l'Être et le Devenir. 1 vol. in-8°. 1851.

Traité des Facultés. 1 vol. in-8°. 1859.

De Categoriis. Dissertatio philosophica. 1 vol. in-8°. 1859.

Principes fondamentaux de Philosophie mathématique. 1 vol. in-8°. 1860.

De la pluralité des mondes. 1 vol. in-12. 1861.

Traité des Actes, Sommaire de Métaphysique. 1 vol. in-12. 1862.

ÉTUDES DE PHILOSOPHIE NATURELLE.

N° 1. Système des trois règnes de la nature. 1 vol. in-12. 1864.

N° 2. Réponse directe à M. Renan, ou démonstration philosophique de l'incarnation. 1 vol. in-12. 1864.

N° 3. De l'expérience de Monge au double point de vue expérimental et rationnel. 1 vol. in-12. 1869 (3e édition).

N° 4. De l'ordre et du mode de décomposition de la lumière par les prismes. 1 vol. in-12. 1870.

N° 5. De l'ordre et du mode de décomposition de la lumière par les prismes ; Nouvelles preuves à l'appui. 1 vol. in-12. 1872.

N° 6. Sens et rationalité du dogme eucharistique. 1 vol. in-12. 1 vol.

N° 7. Démonstration psychologique et expérimentale de l'existence de Dieu. 1 vol. in-12. 1873.

N° 8. De l'ordre et du mode de décomposition de la lumière par les bords minces. 1 vol. in-12.

N° 9. Le système du monde en quatre mots. 1 vol. in-12.

N° 10. Classification raisonnée des Sciences naturelles. 1 vol. in-12.

2e SÉRIE : N° 1. La mécanique de l'esprit conforme aux principes de la classification rationnelle. 1 vol. in-12.

N° 2. Organisation et unification des sciences naturelles. 1 vol. in-12.

N° 3. L'Histoire naturelle éclairée par la théorie des axes (avec planche). 1 vol. in-12.

N° 4. La mécanique de l'esprit par la trigonométrie. 1 vol. in-12.

N° 5. La Classification rationnelle et le Calcul infinitésimal. 1 vol. in-12.

Suite des Ouvrages du même Auteur

N° 6. La Classification rationnelle et la Phénoménologie Ntranscendante (avec planche). 1 vol. in-12.

n° 7. La Classification rationnelle et la Géologie (avec planche). 1 vol. in-12.

N° 8. La Classification rationnelle et la Pragmatologie psychologique. 1 vol. in-12.

N° 9. La Classification rationnelle et la Pneumatologie mécanique. 1 vol. in-12.

N° 10. Éléments de Psychologie mathématique. 1 vol. in-12.

3e Série : N° 1. Identité du Subjectif et de l'Objectif (avec planche). 1 vol. in-12.

N° 2. Le vrai système général de l'Univers. 1 vol. in-12.

N° 3. Origine des Météorites et autres corps célestes. 1 vol. in-12.

N° 4. Sources naturelles du Surnaturel. 1 vol. in-12.

N° 5. Prodrome de Chimie rationnelle. 1 vol. in-12.

N° 6. Du premier instant dans la série des êtres et des événements. 1 vol. in-12.

N° 7. Fins et moyens de Cosmologie rationnelle. 1 vol. in-12.

N° 8. De la contradiction en philosophie mathématique. 1 vol. in-12.

N° 9. Du péché originel et de son irrémissibilité. 1 vol. in-12.

N° 10. Transcendance et variabilité des idées réelles. 1 vol. in-12.

4e Série : N° 1. Grâce et Liberté, fondements du monde visible. 1 vol. in-12.

N° 2. Commentaire philosophique du premier chapitre de la Genèse. 1 vol. in-12.

N° 3. Erreurs et vérités du Transformisme. 1 vol. in-12.

N° 4. Du Devenir et de la Nature des Corps en général. 1 vol. in-12.

N° 5. Nouvelles considérations sur les Corps célestes en général et en particulier. 1 vol. in-12.

N° 6. Principes de Cosmologie. 1 vol. in-12.

N° 7. Principes de Géologie. 1 vol. in-12.

N° 8. Le Monde réel, ou Dieu, l'ange, l'homme. 1 vol. in-12.

N° 9. Principes de Physiologie. 1 vol. in-12.

N° 10. Les Trois Centralités (avec planche). 1 vol. in-12.

5e Série : N° 1. Du mouvement hyperbolique et de ses applications. 1 vol. in-12.

N° 2. Variations des Facultés. 1 vol. in-12.

N° 3. De la Confusion des Langues. 1 vol. in-12.

N° 4. Les trois genres de Lumière Objective. 1 Vol. in-12.

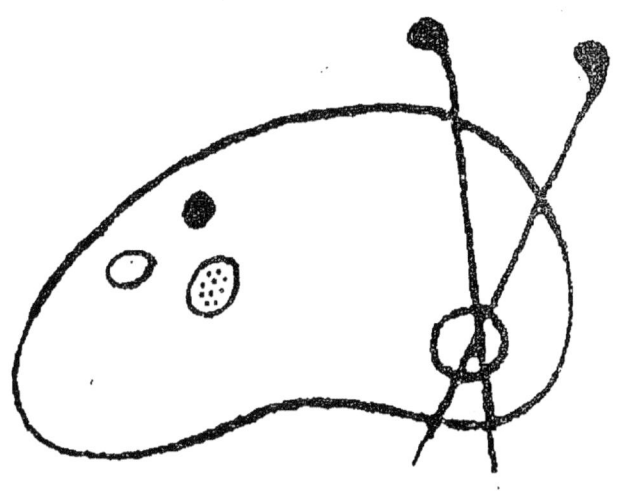

Fin d'une série de documents
en couleur

LA LÉVITATION

ET LA

REVUE SCIENTIFIQUE

POUR PARAITRE SUCCESSIVEMENT:

No 6. De la parthénogénèse. 1 vol. in-12.

No 7. La Vie astrale. 1 vol. in-12.

No 8. Principes de physique solaire. 1 vol. in-12.

No 9. Principes de Psycho-physique stellaire. 1 vol. in-12.

No 10. Vue du Monde et des Êtres en cube. 1 vol. in-12.

6º Série : No 1. Premier chapître de physiologie vitaliste ; Les Généralités. 1 vol. in-12.

No 2. Rôles inverses du punctum cæcum et de la tache jaune. 1 vol in-12.

No 3. Égarements et redressements de la science moderne. 1 vol. in-12.

No 4. Corrélations des Principes cosmiques: Force, Raison‘ Vertu. 1 vol. in-12.

No 5. Les deux Centralités, rudiments du monde invisible. 1 vol. in-12.

No 6. Du Parallélisme, entre la Logique et la Physique. 1 vol. in-12.

Montpellier — Typ. Boehm et Fils.

LA LÉVITATION

ET LA

REVUE SCIENTIFIQUE

(AVEC PLANCHE)

PAR

J.-ÉMILE FILACHOU

Docteur ès Lettres.

> Tous les mystères érigés en dogmes par la doctrine chrétienne *existent* dans la nature : seulement, on ne sait pas les y voir.
>
> (Rom., I, 20.)

MONTPELLIER	PARIS
LÉPINE (Ancienne Maison Seguin)	DURAND & PEDONE-LAURIEL
Rue Argenterie, 25.	Rue Cujas, 9.

1886

AVANT-PROPOS.

La *Revue scientifique* a posé dernièrement une question dont elle a semblé demander à ses lecteurs la solution ; cette question concernait la *source possible* de la *Lévitation*. Nous nous sommes empressé de lui fournir la réponse désirée, sans prévoir néanmoins les difficultés qui pouvaient en empêcher ou retarder l'acceptation. Le silence assez longtemps gardé sur notre communication a pour lors provoqué de notre part une seconde lettre, cette fois bien accueillie ; mais, comme on ne s'est point non plus empressé d'y donner suite et qu'on paraît même délibérer encore sur l'usage qu'on en fera, la pensée nous est venue d'écrire une troisième lettre où nous achevons de résoudre le problème actuel, mais en nous adressant désormais autant au public qu'à la *Revue scientifique*.

Dans cette troisième lettre, ici jointe aux deux précédentes, nous désignons, par rapport à leur source possible, trois sortes de lévitation, qui sont celles par voie d'*électricité*, de *calorique* et de *lumière*. Les deux premières sont immédiatement et directement démontrables, mais dans un très petit champ ; la troisième a devant elle, au contraire, un champ immense, mais n'est plus au même degré facultative ou n'est plus praticable à volonté, d'où il résulte qu'elle paraît étrange ou tenir même du prodige, et par suite n'être pas acceptable. Cette différence de réalisation plus ou moins facile entre les trois sortes de lévitation s'explique très rationnellement par la simple considération du plus ou moins d'étendue de leur champ respectif. Le champ des deux premières étant excessivement restreint, la faculté d'en user à son gré dans ces limites ne peut entraîner aucune grave perturbation dans le cours du monde *physique*, dont la régularité sert justement de *base* au monde *moral* ; mais, la raison d'être ainsi très limitées leur venant du monde *moral* leur *fin* dernière, et n'excluant point par conséquent la possibilité d'une notable extension subséquente au cas où les principes seuls *absolus* d'ordre *moral* en prescriraient l'usage, il peut et doit même infailliblement (dans l'ensemble des choses) arriver un moment où cette surprenante extension anormale se produise conformément aux suprêmes indications du même ordre *moral*, dont tout doit favoriser la pleine apparition.

Cassagnoles, 30 octobre 1885.

LA LÉVITATION

ET LA

REVUE SCIENTIFIQUE

1. On a dit un jour que la Vérité n'a qu'à se montrer pour être reconnue. Cela semble effectivement si naturel, qu'il ne vient d'abord en la pensée de personne d'admettre le contraire ; et cependant, pour peu qu'on connaisse le monde, on ne tarde pas à se désabuser de cette instinctive ou naïve croyance prématurée. Car, dans tous les cas de plus ou moins grave opposition entre les intérêts ou les passions de chacun et la vérité, l'on ne se fait généralement aucun scrupule d'en trouver ou déclarer les assertions contestables, et même au besoin complètement erronées. Cette déviation volontaire de la vérité peut, en s'accentuant de plus en plus, se pousser jusqu'au

cynisme le plus révoltant. On a connu de tout temps le cynisme de l'immoralité ; dès le commencement de ce siècle éminemment révolutionnaire, on a pu signaler le cynisme des apostasies; mais aujourd'hui nous le voyons passer rapidement au cynisme de la destruction, et ce dernier s'accompagner encore du cynisme de la critique outrée, dernier comble de l'impudence et de l'effronterie. Ce n'est, en effet, rien de bien extraordinaire de voir la prostitution s'étaler sans rougir, ni l'insubordination se glorifier de ses triomphes, puisque, sur ce double terrain individuel ou social, la lutte ainsi que la provocation à la lutte entre le bien et le mal sont immédiates ou prochaines ; mais, alors que nul pareil choc immédiat ou prochain n'existe entre ces deux contraires sur le terrain quasi neutre des idées, et que le conflit, seulement entrevu comme possible sur ce terrain, reste à peu près imaginaire, il est vraiment étrange que la simple prévision de mauvaises chances futures alarme les intérêts ou les passions en péril de passer sous le joug de la raison, et suffise à pervertir à fond ou jusqu'à l'insanité le jugement. Les premières variétés du cynisme reviennent seulement à couper à ras du sol l'arbre de la Vérité ; la dernière sorte de cynisme souteneur d'une critique outrée revient à l'extirper jusque dans sa racine par la suppression de tous les principes propres à fonder la certitude ou constituer l'évidence.

La lutte dont nous venons de parler ne peut jamais provenir absolument de l'*Objectivité* prise en elle-même ; car elle est bien manifestement, en son initiale manière d'apparaître fatalement, inactive aussi bien qu'indépendante de nous ; et, puisque alors nous ne saurions en général pas plus, d'une part, y rien ajouter qu'en rien soustraire, et qu'elle est, d'autre part, en elle-même, invariablement donnée pour nous dans son ensemble ou ses parties, il importe fort peu qu'à ses débuts elle nous apparaisse complète ou non; dans ces conditions, elle n'entre jamais spontanément en conflit, comme la poudre ne prend jamais feu d'elle-même. Si donc conflit y a, ce conflit a sa source dans le subjectif reportant, le premier, sur l'objectif essentiellement banal, la variabilité dont il est, le premier, à la fois siège et principe. Évidemment, dès lors que le subjectif est en lui-même au moins relativement divers et variable, il n'est aucunement nécessaire que l'objectif en soit originairement aussi différencié que lui, pour lui ressembler ; mais il suffit pour cela que, dans ses relations avec lui, le subjectif se l'adapte suivant ses propres différences originaires. Foncièrement divers et variable, tout subjectif envisageant l'objectif à sa manière le forme à son image ou ressemblance ; il importe donc en lui ses propres différences, et par suite, bien qu'originairement indivis et commun ou banal, l'objectif devient ou du moins apparaît de fait, à la fin, tout différent de ce qu'il était ou semblait être de fait à l'origine.

Nous demandons-nous après cela comment s'effectue généralement cette incessante importation des différences du subjectif en l'objectif : nous pouvons aussitôt reconnaître sans peine que c'est au moyen de la représentation qu'on s'en fait, ou mieux de la *connaissance* qui s'ensuit, laquelle peut avoir d'ailleurs double origine, comme provenant ou d'institution propre ou d'insufflation étrangère. Ou l'on entre effectivement en médiate relation avec le *dehors parlant* ou sa *parole*, par le canal de l'*ouïe* nous en révélant les différentes modifications autrement impercevables ; ou bien on en est immédiatement instruit par soi-même à l'aide des deux sens du *tact* et de la *vue*. Donnons (conformément au langage usuel) à la première manière de connaître, opérée par la foi qu'on accorde au témoignage d'autrui, le nom de *croyance morale* ou *religieuse* : en opposition avec elle nous aurons, par la seconde manière de connaître ce qui tombe sous les deux sens *tactile* et *visuel*, le *savoir physique* ou *formel*, qualifiable en outre cette fois de personnel. Et rien n'est ainsi plus aisément discernable que les deux sortes de connaissance dont nous sommes capables ; mais rien n'est en même temps — sans la moindre distinction entre les deux — plus nécessaire. Certainement, au moins, il existe autant de choses à nous inconnues, que connues ; et, souvent ou même généralement, les choses *médiatement* à peine connaissables ne nous sont pas moins *socialement* indispensables à connaître, que le sont pour notre conduite *personnelle* les choses *immédiatement* observables. Autant notre existence *indivi-*

duelle repose sur l'*expérience*, autant notre existence *sociale* repose sur la *foi*. Sous ce rapport, la moindre hésitation n'est pas possible ; toute association d'être à être n'est pas plus possible sans la *foi* de l'un en l'autre, que la conservation ou durée de tout être singulier ne l'est sans le secours de l'éducation physique nous apprenant à distinguer entre l'utile et le nuisible à l'existence. En conséquence, si la faculté de discernement naturel entre l'utile et le nuisible est une précieuse qualité, la constante disposition à recueillir sans hésitation par la *foi* l'enseignement *social*, alors présupposé donné non moins franchement qu'on le reçoit, est une excellente vertu morale sans laquelle on devrait mourir civilement, comme on mourrait corporellement sans l'opportune et constante préservation du sentiment ou de l'instinct physique. On n'a point sans doute coutume de placer et de maintenir ainsi sur le pied d'une parfaite égalité les deux sortes de connaissance par *communication étrangère* ou par *observation personnelle*, dont on répute la dernière seule certaine, et la première toujours faillible ; mais, outre qu'à certains égards et pour nous dans notre état présent toutes les deux sont bien également faillibles (puisque nous pouvons bien autant nous tromper qu'être trompés), il existe entre les deux, sans lésion de cette même égalité respective préalable, une différence dont on ne tient point généralement compte, et dont l'oubli fonde à tort le jugement défavorable à la pratique éminemment salutaire de la foi.

A vrai dire, la connaissance reçue du dehors ou *testimoniale* et la connaissance issue du dedans ou *scientifique* ont et n'ont pas le même objectif. Qu'elles aient *en principe* le même objectif alors banal, nous l'avons établi déjà ; mais, comme elles sont distinctes, il résulte de leur distinction que l'objectif doit s'en diversifier comme elles sont déjà censées différer par hypothèse ; et pour en mettre alors clairement à jour l'actuelle opposition au moins égale à leur conformité, nous en articulerons les deux aspects contradictoires. Ces deux aspects consistent en ce qu'elles ont d'abord pour commun objectif le *triple genre* d'application, par *acte*, *tendance* et *puissance*, mais, de suite après ou du moins dès le moment où leur distinction subjective survient, un objectif différent, comme envisageant dès lors séparément, l'une ou la *testimoniale*, le même susdit triple genre objectif fondamental au seul point de vue *général* de *simple fait réel*, et l'autre ou la *scientifique*, le même triple genre objectif au point de vue *particulier* subséquent de *principe radical*.

Nous apportant chacune à part leurs lumières, les deux connaissances *testimoniale* et *scientifique* ne s'adressent point en nous à la même puissance subjective interne ; et nommément la *testimoniale* parle au cœur, à l'Esprit ; la scientifique parle à la raison, à l'Intellect. Or il est bien manifeste que, parlant spécialement au cœur, on n'a pas besoin, à proprement parler, de raisonner, et que de même, parlant à la raison, on n'a nul besoin de faire appel au sentiment. Bien plus, l'Esprit semble prêt à se désintéresser de toute affaire où le calcul et la spéculation s'entremêlent à ses généreux élans et menacent d'en éteindre l'ardeur ; et, si pareillement l'émotion entre pour quelque chose en conseillère dans les impartiales et froides considérations de l'Intellect, cette dernière puissance se trouble et risque de juger le plus souvent à faux, pour peu qu'elle s'en laisse pénétrer et veuille y donner suite. Malgré cela, tout ce que nous nommons *acte*, *tendance* ou *puissance*, tombe bien sous le libre fonctionnement de l'Intellect et de l'Esprit ; mais, comme nous le disions naguère, l'Esprit parle à l'Esprit; et, dans ce commerce tout spirituel ou non rationnel, la question de *fait*, devenant seule intéressante, est ce sur quoi l'attention porte de préférence d'une et d'autre part ; c'est pourquoi, non la raison, mais la franchise seule, y fait loi. De même, l'Intellect s'adresse exclusivement à l'Intellect ; et, dans ce nouveau commerce tout rationnel et non spirituel, la question de *principe* primant celle de fait remet le seul Intellect en fonction des deux côtés, afin qu'il puisse aviser plus sûrement, soit au moyen d'une exacte discussion de l'état présent des choses, soit au meilleur aménagement de l'avenir ; c'est pourquoi, cette fois et par transformation du discours de dialogue en monologue, le seul objectif de la parole intérieure est la raison spéculative et non la vertu morale.

En exemple d'une *même* chose pouvant être à

la fois séparément objet de *témoignage oral* et d'*investigation scientifique*, nous considérerons le *fait dogmatique* de la virginale maternité de Marie. Pour quiconque se place au seul point de vue de l'Esprit, l'essentiel là-dessus consiste en la seule certitude du *fait* sans égard au *comment* rationnel ; car la valeur morale d'un aussi grand privilège ne saurait croître ni décroître par la connaissance ou l'ignorance du comment. Mais le seul moyen de se renseigner en dernier ressort sur le *fait* ne se réduit-il point à l'expresse déclaration de Marie elle-même ?... Cependant, tout comme le *fait* en doit être en premier lieu révélé par la parole, le moyen en peut être révélé de même, et l'Évangile nous instruit suffisamment à cet égard en lui donnant pour principe l'*Esprit-Saint*. Or, en cela, l'Intellect commence assurément à prendre part à la chose ; mais, malgré cette première initiation au mystère d'un virginal enfantement, la méthode ne change point, et c'est bien toujours comme *fait* que le moyen ou principe secret s'en révèle à son tour. Enfin, pour énumérer ici toutes les conditions du phénomène, supposons que nous connaissons encore par révélation jusqu'au mode formel dont il a pu physiquement s'effectuer : provenant de révélation, la reconnaissance de ce mode nous le présentera de nouveau seulement à titre de *fait* transmis ou communiqué du dehors à notre intelligence. Il suit de là que, en adhérant au témoignage, la *foi* ne fait jamais à proprement parler acte de raison, mais seulement acte de vertu. La raison et la vertu ne sont point en elle séparées pour cela, mais elles y sont pourtant réellement distinctes, et si bien distinctes qu'il suffirait, par exemple, au croyant, de vouloir tant soit peu croire par raison ou calcul personnel, pour voir diminuer ou même disparaître tout à fait le mérite moral de sa croyance.

Dans la disposition d'Esprit que nous venons de décrire, toute la *responsabilité* concernant la vérité des faits révélés incombe aux seuls auteurs du témoignage, dont le devoir consiste à se maintenir aussi francs dans leur déclaration que les croyants le sont par hypothèse en leur acquiescement ; et, pour ne pas faillir à ce devoir, si ces derniers sont fidèles à retenir ce qui leur est transmis, les transmetteurs ne sauraient être également de leur côté trop attentifs à ne leur apprendre que ce qu'ils savent bien eux-mêmes les premiers par expérience personnelle ou tradition orale préalable. Non l'*intrinsèque vérification* mais la seule *constatation objective* du témoignage restant à la charge des simples croyants, encore hors d'état de mieux fonctionner par hypothèse, rien ne saurait évidemment dispenser leurs premiers instructeurs originairement mieux posés et plus capables ou plus éclairés, de jamais rien affirmer et transmettre au delà de ce que, par expérience ou par intuition personnelle, ils savent être absolument indubitable. L'objectif de leur enseignement doit toujours se constituer, d'ailleurs, des seules vérités générales indispensables à l'institution ou à la garde de l'ordre social ; et, pour lors, la même raison qui prescrit aux simples croyants d'en rester constamment les fidèles dépositaires, prescrit encore à leurs instructeurs de ne jamais retenir captives les mêmes vérités appelées à devenir, pour leur intrinsèque excellence, universelles.

2. Après tous ces préliminaires, arrivons enfin

où nous en voulions venir et parlons de *lévitation*. Ce phénomène, vérifiable comme *fait* par *témoins*, est un sujet *historique*. De nouveau vérifiable comme *principe* par *raison*, il est un sujet *scientifique*. Considérons-le successivement à ces deux points de vue.

Pour être en droit de dénier d'abord à ce phénomène la qualité de sujet *historique*, qui lui revient suivant nous à titre de simple *fait*, il faudrait pouvoir *à priori* le déclarer ouvertement impossible, et cela ne saurait certainement être. « Tout est possible à Dieu », dit l'Évangile. Un poète ancien a dit: «Ce que je déclarais impossible, le voilà qui se fait. » Napoléon Ier a dit à peu près dans le même sens : « Si c'est possible, c'est déjà fait ; si c'est impossible, ça se fera ». Bien des choses réputées impossibles, en effet, telles que les pluies de pierres, les faits de suggestion, les taches du soleil, etc., ne sont pas seulement de notre temps reconnues possibles mais réelles. En voyant aujourd'hui les aérostats s'élever majestueusement dans les airs et se laisser même guider par les mains de l'homme, le phénomène analogue de la lévitation ne peut nous apparaître moins réalisable que les précédents contraires aux prévisions de l'ancienne science ; et, puisqu'ils sont l'un après l'autre venus les démentir, sa *possibilité* n'en est point — jusqu'à plus ample information — contestable. La question de *fait* reste donc seule à résoudre, et cela (faute d'observation personnelle immédiate) par le témoignage. La *Revue scientifique* en assigne trois sources abondantes : les Livres-Saints, l'Histoire ecclésiastique et le Spiritisme. Sans récuser inconsidérément la première ni la dernière de ces trois sources, nous n'en parlerons point en ce moment et ne retiendrons que la seconde, où nous trouvons, entremêlés au récit de la vie merveilleuse des saints, les faits de lévitation les mieux caractérisés en nombre pour ainsi dire indéfini. Deux ou trois témoins probes et honnêtes sont maintenant, comme on ne l'ignore point, suffisants, dans le cours ordinaire de la justice humaine, pour faire condamner un homme à mort. Les saints assignés ici pour témoins ont été certainement l'élite des honnêtes et braves gens. Deux ou trois d'entre eux devraient donc suffire pour entraîner la croyance au fait de la lévitation réalisé dans leur propre personne. En raison de l'étrangeté du phénomène, jugerait-on néanmoins prudent d'en augmenter le nombre et de le porter, sans paraître exigeant, à cinq, ou dix ou vingt peut-être : cela se conçoit. Mais la *Revue scientifique* a prévu ce cas ; elle en cite — comme on peut le constater dans son article du 10 septembre 1885 — une foule ou (pour emprunter ici le langage de l'Apôtre, Hébr., XII, 1) une *nuée*. Ni le nombre ni la qualité des témoins ne laissent donc ici rien à désirer ; et la science, en ne s'en contentant pas, se condamnerait elle-même par le cynisme de ses dénégations évidemment exorbitantes, en même temps qu'elle se ferait du même coup le plus grand tort, car cette obstinée récusation de toute autorité morale en ressort néanmoins tout expérimental ou positif pourrait bien l'entraîner à croupir indéfiniment dans l'ignorance des seuls moyens propres à la tirer de son ornière et lancer dans une voie féconde en utiles recherches et découvertes inespérées. Ceci n'est pas un vain discours ; nous en avons la preuve sous la main dans l'état aujourd'hui florissant des trois sciences météorologique, astronomique et cosmologique. Tandis que ces trois sciences, avant l'admission des chutes d'aérolithes, restaient perpétuellement stationnaires ou à peu près, elles n'ont pas cessé, depuis cette admission, de progresser. Il est donc bien permis et tout naturel d'espérer qu'il en sera de même pour les sciences physiques et psychologiques après la reconnaissance scientifique du phénomène de la lévitation.

3. En procurant la reconnaissance scientifique de ce phénomène, la vertu sociale de foi ne le rend pas pour cela plus intelligible, mais met seulement sur la voie d'en acquérir rationnellement l'intelligence, en en soumettant dans ce but à son incubation l'idée fondamentale, qui pourra plus tard éclore comme à l'improviste sous ses ailes, mais pourtant aussi sous la seule ultérieure impulsion d'une large et légitime critique désireuse d'extraire des données de la foi les trésors de lumière et de vérité qu'elles renferment. Pour être ainsi transformable ou se convertir, de vérité de fait, en vérité rationnelle, l'idée présentement considérée de la lévitation doit naturellement

être à la fois : d'abord, susceptible d'immédiate démonstration radicale *de visu* ; puis, nettement délimitable ou déterminable en elle-même au moyen d'une complète assignation de ses éléments essentiels ou constitutifs ; enfin, parfaitement organisable par synthèse avec les divers autres éléments ou principes fondamentaux de la science, qui lui sont, de près au moins, connexes ou corrélatifs. Si, pour lors, nous parvenons à démontrer que le phénomène de la lévitation satisfait à ces trois conditions à la fois, il sera manifestement vrai de dire que désormais, au lieu d'exister seulement en manière de *fait* cru sur parole, et par conséquent toujours étranger, passif, inerte ou non éclos, il ne subsistera plus, ainsi transfiguré, qu'en manière de fait actif, vivant, transparent ou lumineux même, mais surtout personnel. Or, des trois conditions tout à l'heure indiquées, nulle ne contribue plus à cette transfiguration que la première d'entre elles ou la propriété d'être radicalement démontrable *DE VISU* ; et, vu son importance, nous nous arrêterons un moment à signaler ici l'Intrinsèque signification ou portée de ce point de départ, car on pourrait bien sans cela ne pas saisir toute la valeur et l'utilité de ce travail.

La lévitation a, comme effet ou phénomène de *spontané soulèvement de corps pesants*, une cause physique qui ne peut être autre que l'Électricité, la Lumière ou le Calorique. Mais, incontestablement, de ces trois prétendus agents physiques universellement admis, le second ou la Lumière est un agent purement catalytique ou respectivement inerte ; car, quoique non incapable de jouer le rôle de témoin, elle n'effectue jamais rien par elle-même, à l'instar du regard assurément toujours propre en nous à guider la main dans ses opérations, mais pourtant ne faisant jamais ce qu'elle fait. Les deux seuls agents proprement dits sont donc le Calorique et l'Électricité. Mais ces deux agents n'opèrent point encore de la même manière ; car le calorique *sensible* produit directement tous ses effets en évoquant le mode de perception le plus immédiat ou patent de tous, qui est celui de la chaleur ; et l'Électricité, qui n'y procède au contraire qu'indirectement à l'aide de la vitesse ou du mouvement, resterait inversement à cet égard toujours cause transcendante occulte, n'était le concours officieux de la Lumière suppléant à son défaut au moyen des chemins visiblement parcourus ou des distances apparentes. Le phénomène de spontané soulèvement des corps pesants ou de la lévitation pouvant ainsi dépendre originairement de deux causes antagonistes seules effectives à l'exclusion de la lumière sous ce rapport, — s'il arrive qu'il soit accompagné de chaleur, il est spécialement, dans ce cas, attribuable au Calorique, auquel la Lumière apporte alors un concours négligeable ou superflu, puisqu'on pourrait bien sans elle (v. g., par le tact) s'en apercevoir et rendre compte. Mais, s'il arrive au contraire accompagné plutôt de froid que de chaleur, n'étant plus alors attribuable au Calorique et ne pouvant pas davantage provenir de la Lumière seulement valable (disions-nous tout à l'heure) à titre de témoin, il dépend alors forcément de l'Électricité seule. Or tel est justement le cas du phénomène de la lévitation généralement produit sans la moindre cause apparente. Car, survient-il par cause *mécanique* apparente : on l'appellera *projection* ou jet. Survient-il par cause au moins *sensiblement* percevable encore, telle que le calorique : on le désignera par la dénomination d'*état sphéroïdal*[1] déduite de sa forme encore apparente. Mais a-t-il au contraire pour cause effective l'Électricité seule : le jeu mystérieux de son principe actuel lui vaut le nom nouveau de *lévitation*, seul propre à le distinguer cette fois nettement de tous les autres faits analogues au fond, mais plus immédiatement observables.

Voilà donc ce que nous avons voulu dire en demandant pour la lévitation une *immédiate démonstration DE VISU*. La vue d'une goutte d'eau tenue momentanément en suspension sur un vif foyer de chaleur n'en serait point une perception radicale *de visu*; car elle y serait subséquente à la préalable perception sous-tendante du Calorique apparent. Ici, nul calorique n'existant, et l'Électricité quoique actuelle cachant toujours son jeu, — si l'exercice de cette dernière ne laisse point de se produire sous forme lumineuse, la

---

[1] Sur l'*état sphéroïdal* et ses causes, on peut voir Daguin, *Traité de physique*, tom. II, pag. 340-344 (2e édition), où ce phénomène est longuement décrit et suffisamment bien expliqué comme effet de *répulsion* calorifique.

Lumière en est bien alors une immédiate démonstration radicale *de visu*. L'important étant présentement pour nous de commencer par établir expérimentalement de cette sorte l'existence d'un pareil phénomène, nous avons eu pour cela recours au fait de la double réfraction en le remaniant à cette fin. La preuve expérimentale requise une fois découverte, nous nous sommes empressé de la faire vérifier par d'autres ; et, l'article de la *Revue scientifique* sur la lévitation ayant paru sur ces entrefaites, nous lui avons écrit notre *première* lettre, où nous la lui signalions sans prévoir que la sommaire exposition ne suffirait point. Son insuffisance reconnue dans quelque temps nous a fait alors écrire la *seconde* lettre, où nous nous efforçons de mieux déterminer le phénomène actuel, en le spécifiant par l'indication de toutes ses circonstances. Enfin, le désir d'être encore plus complet par recours aux généralités nous a fait entreprendre la *troisième*, autant néanmoins écrite cette fois pour le public que pour la *Revue* elle-même ; car, s'il est bon de cultiver la science pour en parler avec les hommes spéciaux, il est aussi convenable de la cultiver pour la vulgariser ou rendre publique. Ce n'est pas un vain mot que cette parole de l'Écriture : « Dieu est la Vérité ». Comme nul n'est digne de la connaître sans l'aimer, nul ne la connaît et ne l'aime sans la chercher et la rechercher toujours ; c'est pourquoi, la satiété ne pouvant qu'alterner pour elle avec l'insatiabilité même, sa possession est à la fois pour les esprits une fois épris de ses charmes — comme l'unique *fin* ainsi que l'unique *principe* de leur être, ou leur avoir absolu.

4. Première lettre.

Cassagnoles, 13 septembre 1885.

MONSIEUR LE RÉDACTEUR,

J'ai lu hier l'article, publié par vous, de M. De Rochas sur la *lévitation*, article dont l'auteur suppose que ce phénomène (s'il existe, comme on n'en saurait douter) dépend d'une force de répulsion inopinément produite sans cause apparente. Cette explication *hypothétique* demande une démonstration *expérimentale*, qui n'est pas impossible. En voici le *principe* et la *preuve*.

Le *principe* : Les deux forces d'*attraction* et de *répulsion* existent dans la nature, s'engendrant l'une l'autre dans l'ordre de leur nomination, d'où il suit que la première, plus active au fond, est simplement permissive en apparence, quand la seconde, plus active en apparence, est de son côté simplement permissive au fond.

La *preuve* : Prenez un spath d'Islande à quatre faces égales autour d'un axe de figure ; marquez ensuite sur une feuille de papier blanc (comme cela se pratique dans l'expérience de Monge) un point noir, et, plaçant alors le spath sur le point, vous en verrez deux au lieu d'un seul.

Après cela, tenant toujours l'œil élevé sur le point et le spath (superposés), à la distance de 1/2 mètre environ, soulevez le spath vers l'œil d'un mouvement plus ou moins rapide : vous verrez que, pour une certaine position ou face originaire du spath, les deux images du point noir vont se rapprochant de plus en plus et finissent par se confondre. Renversant ensuite le spath de 180°, et répétant la même opération de soulèvement du spath vers l'œil, vous constaterez que cette fois, au lieu de se rapprocher et de s'unir, les deux images s'écartent de plus en plus jusqu'à doubler à peu près leur écart primitif.

Donc, pour une première position du spath à 0°, il y a compatibilité des deux images, et, pour une seconde position à 180°, l'incompatibilité règne entre elles ; ou bien elles se comportent *attractivement* dans un cas, et *répulsivement* dans l'autre [1].

Cette attraction et cette répulsion successives n'ont, là, point d'autre raison d'apparaître qu'un fait de mouvement, chose manifestement toute formelle ou relative, comme la notion même de distance ou d'espace : elles y sont donc bien d'origine formelle, idéale, imaginaire ; conséquence seule nécessaire et suffisante pour expliquer l'étrangeté du phénomène de la lévitation.

Veuillez agréer, Monsieur...

J.-E. Filachou.

[1] Cet admirable phénomène d'*activité polaire inverse*, manifesté par le Spath cristal *négatif*, ne doit point au contraire pouvoir l'être par le quartz cristal *positif* ; comme on peut le conclure de ce que, à la différence des prismes de spath nous offrant (dans leur traversée par un filet de lumière) le rayon E toujours en avant du rayon O, les prismes de quartz nous offrent le même rayon E toujours placé *derrière* ce dernier.

5. Deuxième lettre.

Cassagnoles, 21 octobre 1885.

Monsieur le Rédacteur,

Le 11 septembre dernier, insérant l'article de M. De Rochas sur la lévitation, vous nous disiez par la plume de ce dernier : « J'ai cherché à présenter sur cette matière scabreuse un tableau d'ensemble, afin de provoquer, s'il y a lieu, des études plus approfondies ».

J'ai cru à la sincérité de cet appel, et j'y croirai encore jusqu'à preuve du contraire ; et voilà pourquoi je vous ai écrit, le lendemain du jour où j'avais lu l'article en question : que j'approuvais le projet de solution de l'énigme adopté par M. De Rochas, et me hasardais à vous proposer une preuve expérimentale à l'appui. Vous avez gardé depuis lors le plus profond silence sur ma communication. Dans la supposition d'une sincère provocation de votre part à l'étude de cette question par vos lecteurs, ce silence ne s'explique que par la mise au panier de ma communication par deux raisons, à savoir : la première, tirée de la difficulté de réaliser en *fait* l'expérience indiquée par moi ; la seconde, tirée de la difficulté d'en saisir en *idée* la valeur ou portée rationnelle. Je viens donc aujourd'hui m'expliquer sur ces deux points.

Je commencerai par m'expliquer sur la difficulté de *fait*, la plus facilement et promptement résoluble. Il faut opérer, pour la réussite de l'expérience, avec un cristal de spath assez gros et le plus régulier possible. Mon rhomboèdre a 12 millimètres de face sur chacun des côtés de la section quadrilatère normale à l'axe de figure. Usant de cristaux moitié plus petits, on saute en quelque sorte par-dessus le fait à observer et ne s'en aperçoit point. Cela dit, je passe à la difficulté d'*idée*.

Afin de pouvoir me rendre exactement compte de la fausse idée préconçue qui vous aurait (par hypothèse) empêché d'apprécier la valeur ou portée de ma communication, je n'ai pas cru pouvoir mieux faire que de me mettre en relation avec un professeur de Faculté très avantageusement connu déjà du public, et de lui faire part de ma solution, en répétant d'ailleurs sous ses yeux l'expérience, laquelle a été reconnue vraie. « Mais, m'a dit alors ce professeur, tout le monde sait que l'expérience de la double réfraction permet d'opérer la séparation ou la superposition des deux images, suivant qu'on regarde l'unique image objective, soit dans la direction de l'axe optique, soit obliquement à cet axe. » « Sans doute, ai-je répliqué ; mais le fait que je vous signale est tout autre, car il tend à *réunir* les deux cas. » Mais je parlais en vain : M. le professeur a toujours soutenu que mon expérience rentrait dans le fait général de la double réfraction, et je n'ai pu le tirer de là. De là j'ai conclu de suite que vous auriez bien pu prendre la chose de la même manière, et je viens alors vous l'exposer mieux que je ne l'ai fait dans ma première lettre.

Pour mieux fixer les idées, je commencerai par une première exposition en gros des conditions générales de mon expérience. (Voir sur la planche, fig. 1.)

La ligne AA' représente l'*axe de figure* du spath, autour de laquelle on le peut supposer tournant. Le plan des lettres α, β, γ, δ, représente une section longitudinale du rhomboèdre, dont la ligne $\varepsilon\zeta$ indique l'*épaisseur*, et la ligne OO' l'*axe optique*.

Si l'on prend pour *plan fondamental* celui d'une feuille de papier blanc horizontalement établie et marquée d'un point noir placé soit sous ζ, soit sous O', le cas change notablement, suivant qu'on regarde d'en haut dans l'une ou l'autre des deux directions OO' ou $\varepsilon\zeta$. Si le point noir est sous O' et qu'on regarde dans la direction de l'*axe optique* OO', *on ne doit voir qu'une image* ; mais, si l'on regarde dans une direction autre quelconque *oblique à l'axe* telle que $\varepsilon\zeta$, l'on doit voir toujours deux images du point noir situé sous ζ. Voilà ce que tout le monde admet et d'où n'a pas voulu sortir M. le professeur précité. Partons alors de là, et, pour mieux montrer où je veux en venir, traçons maintenant une autre figure où soit représenté le cristal entier. (Voir sur la planche fig. 2.)

Sur cette figure nouvelle doivent être notées immédiatement les trois faces désignées par les lettre $F_0 = f^{I} f^{II} f^{III} f^{IV}$, $F_1 = f^{I} f^{V} f^{VIII} f^{IV}$, $F_2 = f^{V} f^{VI} f^{VII} f^{VIII}$.

Nous distinguions naguère les deux manières de regarder dans la figure 1 *suivant l'axe optique* OO' ou bien *obliquement à cet axe*. Renonçons à faire usage ici de la première de ces deux manières, et ne *retenons que la seconde*. Soit d'ailleurs, en P (fig. 2), le point noir. Il est évident que nous pouvons désormais apposer (moyennant retournement du cristal), sur le point noir en P, tour à tour soit la face F_0, soit la face F_1, soit la face F_2. Or il arrive que, pour ces mêmes trois faces tour à tour apposées sur le point noir et pour identité d'épaisseur dans le cas susdit d'obliquité, *les deux images sont toujours aperçues également écartées, en principe, l'une de l'autre*. Mais, dès qu'on vient à soulever le spath vers l'œil, il en est tout autrement. Car pour une certaine face qu'on trouve en tâtonnant et que nous supposerons être la face F_0, — plus on écarte cette face primitivement appliquée sur le point noir, de ce même point noir sans nuire au parallélisme, *plus la distance originaire des deux images décroît jusqu'à complète disparition*. Pour la face suivante F_1 amenée en superposition avec le point noir (ce qui suppose une rotation de 90° du spath autour de l'axe de figure), *le soulèvement du spath n'amène aucune modification de la distance originaire uniforme des deux ima-*

ges. Mais, pour la troisième face F_2 amenée en superposition sur le plan fondamental (ce qui suppose une rotation de 180°) et puis soulevée de plus en plus, non seulement la distance originaire uniforme se rétablit au lieu de s'annuler, mais encore *elle apparaît à peu près double*. Ainsi, cette distance étant originairement égale à 1, elle est égale à 0 (zéro) pour la face F_0, elle redevient égale à 1 pour la face F_1, et elle se trouve être égale à 2 pour la face F_2. La face F_1 joue donc un rôle *moyen* ou neutre entre les deux faces F_0 et F_2; mais les deux faces F_0 et F_2 jouent deux rôles *extrêmes* et tels qu'il est loisible de qualifier d'*attractif* le corrélatif de la face F_0 réalisant la superposition des deux images, et de *répulsif* le corrélatif de la face F_2 portant au double l'écart originaire des deux images *en cas de direction oblique à l'axe optique*.

Quoi qu'ait donc prétendu M. le professeur précité, l'expérience que je vous ai signalée ne rentre aucunement dans le phénomène général de la double réfraction, mais elle s'y rattache seulement comme un cas particulier très remarquable ou singulier, impliquant un tout nouveau mode d'action dont le phénomène général n'a jamais suffi jusqu'a ce jour à laisser percer le fonctionnement intime.

Espérant que vous voudrez bien...

L'Auteur.

6. Troisième lettre.

Cassagnoles, 8 novembre 1885.

Monsieur le Rédacteur,

Après avoir une fois bien constaté d'abord et bien décrit ensuite mon expérience d'optique, ici fondamentale, je dois encore, en remontant du particulier et du spécial au général, en exposer ce que j'appellerai ses divers modes ou degrés de coaptation organique avec l'ensemble des autres principes impliqués par elle en ordre successif ou simultané dans le vaste domaine des recherches scientifiques. J'entrerai là-dessus en matière, en commençant par considérer le rôle là séparément attribuable à la *Lumière* par rapport aux deux autres agents physiques *électrique* et *calorifique*, ainsi qu'à ces deux derniers l'un envers l'autre.

Là, d'abord, la Lumière fonctionne ostensiblement la première ; mais, tout évident et même essentiel qu'en est là le rôle respectif, il ne peut être censé le moins du monde actif, puisque ce qui seulement montre ou démontre ne peut être en aucun cas réputé faiseur ni réalisateur de ce qu'il sert simplement à mettre à jour. Là, bien que le rôle en puisse et doive même être *subjectivement* actif, il n'est sans contredit *objectivement* que passif. Le vrai faiseur ou réalisateur y est donc exclusivement, — en raison de la réciproque incompatibilité radicalement régnante entre le Calorique et l'Électricité, — l'un ou l'autre de ces deux derniers agents. Mais ce ne peut être actuellement le calorique, dont mon expérience n'offre pas la moindre trace, bien que, partout où il fonctionne *activement*, il ne puisse être ou rester latent. C'est donc sous la seule impulsive action de l'Électricité, constamment latente d'ailleurs (comme on ne saurait l'ignorer) par elle-même, que la Lumière se présente sous forme d'éclairement variable et tour à tour superposable ou distinct. Cependant, quoique constamment latente par elle-même, l'Électricité doit, puisqu'elle compte au nombre des éléments physiques, pouvoir, sinon immédiatement, au moins médiatement s'accuser d'une certaine manière ; et ce qui lui sert d'abord pour cela de moyen, c'est la Lumière ; ce qu'elle ajoute ensuite à la Lumière pour l'instrumenter et pour devenir indirectement ainsi soi-même manifeste, c'est le mouvement.

Supprimerions-nous dans le ressort objectif de la nature le mouvement : il est évident qu'il ne pourrait plus être, d'après ce qui précède, question d'Électricité. Mais le mouvement, à son tour, comment se manifeste-t-il ? Ce n'est point certainement en premier lieu comme rectiligne ni même continuellement rectiligne ; car, conçu simplement rectiligne, il resterait imaginaire ou abstrait ; et si, représenté plus tard continuellement rectiligne, il revient par là-même réel ou concret, il est clairement redevable de cette transformation à la *double négation* des deux directions absolues primordiales *droite* et *gauche*, dont la *rectiligne continue* figure la seule *moyenne* positivement assignable alors, malgré son caractère négatif initial. Donc, en admettant forcément (comme il vient d'être dit) que l'Électricité peut et doit s'accuser indirectement par le mouvement, et reconnaissant même encore qu'*en raison* le mouvement rectiligne est la première forme *imaginaire* possible de ses apparitions, *en fait* ce n'en est point là la première forme *réelle*; et cette même forme réelle n'en est point en outre simple mais double, comme impliquant à la fois la double possibilité de déviation vers la gauche ou la droite. En quoi nous resterions encore, au moins partiellement, dans l'abstrait, si nous n'avions un moyen plus efficace ou vraiment définitif de détermination, en deux nouvelles notions complètes, quasi personnelles cette fois, qui sont celles de *centre* et de *foyer* réels. En effet, la *position* absolue, condition de toute *relation* absolue, ne convient pas moins à l'une de ces deux notions qu'à l'autre, puisqu'elles peuvent être également tour à tour l'une envers l'autre dans le rapport de l'absolu au relatif; et par suite on conçoit qu'on puisse indifféremment passer de *foyer* relatif à *centre* absolu (1er cas), comme remonter soudainement de *centre* relatif à *foyer* absolu (2e cas). Nommons le *centre réel* ormé de relatif instantanément traduit en absolu, *Sens* ; et le *foyer réel* inversement formé d'absolu traduit en relatif, *Intellect* : du même coup, le Sens nous fournira l'être *central* au fond, *rayonnant* pour la forme ; et de son côté l'Intellect nous offrira l'être en réalité *focal*, en apparence *convergent*. Ce n'est pas tout : de ces deux êtres fonctionnellement égaux mais inverses, l'égalité radicale compliquée d'alternance nous prescrit d'imaginer, en cas de séparation, non seulement le second ou l'intellectuel subordonné *de fait* (comme périphérique) au premier ou sensible central, mais encore et pour compensation le premier sensible inférieur *en raison* (comme moins immédiatement abordable ou respectivement en principe latent) au second intellectuel, sa seule image ou représentation réelle originaire tant interne qu'externe ou subjective qu'objective. Il n'existe donc point un seul principe, mais deux principes de connaissance, à savoir : l'un ou le *sensible* fondant la *certitude* de la *rationalité* (supposé qu'elle suive), et l'autre l'*intellectuel* complétant l'œuvre de la *certitude* (supposé qu'elle précède). L'unité de toute vraie connaissance réelle, comme impliquant clairement l'intime association de la *certitude* et de la *rationalité*, ne se conçoit donc point sans le préalable concours des deux principes précédents ; mais, en les requérant expressément, elle n'en saurait renverser l'ordre originaire, et par conséquent il est toujours indispensable de concevoir le *sensible* central précurseur du complémentaire *intellectuel* périphérique.

7. Deux forces formelles sont maintenant censées présider au jeu scientifiquement envisagé (par analyse) des deux principes précédents ramenés aux deux notions synthétiques de *foyer imaginaire* posant en *centre réel*, ou de *foyer réel* posant en *centre imaginaire* ; on les nomme *attraction* et *répulsion*. Ces deux formes ainsi considérées sont, quoique foncièrement *absolues*, subsidiairement *relatives* de fait, et par suite (en application simultanée) résumables en un nouvelle force résultante et complémentaire aussi bien qu'immédiatement après supérieure, dite alors *impulsion*. Cette troisième force est, dans son premier état d'indétermination native, abstraite ou (ce qui revient au même ici) latente, comme

nous le disions naguère de l'Électricité neutre ; et nous pouvons à cet égard l'identifier sans inconvénient à ce dernier agent. Voulons-nous alors retirer, soit la *force impulsive* dite *électrique*, soit l'*Électricité neutre* dite *force impulsive*, de cette commune indétermination originaire : un seul moyen immédiatement pratique nous reste, c'est de leur attribuer les deux modes encore non appliqués mais imminents d'exercice alternativement *attractif* et *répulsif*, dont les sujets pourront être indifféremment empruntés aux deux ressorts de la Lumière et du Calorique, mais dont le principe moteur ou déterminant sera toujours manifestement la seule Électricité produisant *à priori* d'une manière éminente dans la Lumière ou le Calorique ce double jeu contradictoire, pour pouvoir indirectement apparaître elle-même *à posteriori* sous ce double revêtement d'emprunt seulement *formel* d'abord, s'il reste purement lumineux, et tout à fait *réel* ensuite, s'il devient calorifique. Et naturellement, alors, l'Électricité d'abord neutre, procédant à sa propre détermination, emploie le mode lumineux *formel* avant le calorifique *réel*.

Deux raisons évidentes l'y portent et nous le prouvent. D'une part, la lumière est bien (comme nous l'avons déjà reconnu) chose toute *passive* et *formelle* en elle-même ; d'où il suit que, tenant de la nature abstraite des simples plans ou surfaces, elle ne pèse aucunement et peut en conséquence être portée — comme la pensée — d'un seul trait où elle tend, par l'Électricité dont l'élan n'en saurait éprouver le moindre arrêt. Et, d'autre part, le Calorique, ne pouvant jamais se passer d'une certaine extension au moins atomistique, y conjoint forcément encore une certaine coercition centripète ou centrifuge faisant fonction de poids ou de ressort ; c'est pourquoi, comme les simples éléments du complexe préexistent évidemment à son tout, le *formel* superficiel y préexiste nécessairement au même tout calorifique *solide* dont il est un des éléments.

Il ne suffit point ici, cependant, de comprendre dans quel ordre *successif rationnel* les trois agents *électrique*, *lumineux* et *calorifique* interviennent en exercice objectif apparent ; il en existe un autre plus spécialement *sensible* les re-coordonnant autrement entre eux sous forme *simultanée* binaire ou ternaire ; et, pour mettre ce dernier point en évidence, nous les considérerons comme trois sièges d'intensité différente ; car autre est réellement l'intensité de chacun d'eux. En tant que force intensive tout spécialement variable mais seulement variable encore, l'Électricité se réduisant (par seule détermination *absolue* préalable) à la première des deux électricités dites par les physiciens de *tension* et de *quantité*, répond à l'idée d'*intensité virtuelle*. Devenant aussitôt après lumineuse, elle ne cesse point d'être pour cela ce qu'elle est en principe ou bien intensité virtuelle, mais elle y joint le mode de fonctionnement formel, ou bien elle fonctionne désormais en *intensité virtuelle et formelle* tout ensemble. En l'état de pure intensité *virtuelle*, elle se nomme *vitesse*. Après l'adjonction de l'épithète *formele*, elle prend la nouvelle dénomination bien différente d'*éclat*, de *splendeur*, ou bien encore de *blancheur* parfois si vive qu'elle en devient *éblouissante*. Mais ici, de nouveau, la Lumière n'influe que comme passive (ou servilement) sur ce dernier effet ; et l'intensité concomitante en est et reste en principe électrique, comme essentiellement constituée de vitesse ou variation excessive. Supposons maintenant cette *intensité fondamentale virtuelle* (qui peut être comme intrinsèquement variable par essence — d'un degré quelconque) *numériquement* multiple ou *quantitativement* même croissante avec extension ou condensation adjointes, comme nous l'exposions naguère en parlant de la constitution atomistique : l'amalgame d'extension et de condensation ici réalisé sous forme de masse ou de matière sera l'*intensité*, non plus seulement *virtuelle* et *formelle*, mais outre cela *physique*, comme résultant à part de la concrète identification de ces deux données précédentes auparavant discrètes ; laquelle, pour peu qu'elle devienne apparente, est dite alors *intensité calorifique*.

Par là, nous sommes maintenant en état de comprendre très bien que la Lumière soit indifféremment alliable avec le Calorique et l'Électricité ; mais de là nous ne saurions aucunement conclure au contraire que ces deux derniers agents soient le moins du monde immédiatement alliables entre eux. Car, puisque *en principe* l'Électricité consiste en *vitesse* ou *tension pure*, — au moment où par multiplication numérique elle s'accumule en manière de *masse*, elle se métamorphose et passe en un nouveau produit total d'origine à la fois électrique et lumineux, ou mieux dès lors *virtuelle* et *formelle*, dont l'essence *massive* compte bien le virtuel et le formel au nombre de ses éléments, mais les contient seulement voilés ou méconnaissables et transformés en facteurs par réciproque information immanente ; c'est pourquoi, le virtuel variable s'y compliquant d'immanence en même temps que le formel immanent s'y complique de variation, le commun produit ou résultat de ce double état dynamique préalable est un acte fixe ou statique équivalemment final ou définitif, tout autant du moins que la complexion génératrice en est et reste intacte.

L'intensité se pose donc en général comme ou simple ou double ou triple. Simple, elle est vitesse ou *tension pure* ; double, elle est *extension apparente* à divers degrés ; triple enfin, elle est — par condensation nullement exclusive (en principe) d'extension — *habituellement massive* aux trois états hiérarchiquement consécutifs d'a-

tome, de *molécule* ou de *corps*, et toujours plus ou moins invisibles ou visibles d'ailleurs, suivant que les deux *intensités extrêmes* de *vitesse* ou de *masse* se contiennent ou se compliquent assez l'une l'autre en exercice objectif pour permettre à la *moyenne*, toute d'*extension*, de ressortir plus ou moins sous ses propres livrées d'apparition à la fois demi-fluente et demi-fixe. C'est en raison de cette position moyenne de l'agent *lumineux* entre les deux autres agents extrêmes *électrique* et *calorifique*, qu'il est forcément réduit à jouer constamment entre eux un rôle *passif* en principe et *secondaire* de fait ; mais, en compensation de cette originaire ou subséquente subordination inévitable, il a l'avantage de pouvoir fonctionner de compagnie tour à tour avec l'un ou l'autre extrême quand il ne peut être jamais permis à ces derniers de fonctionner associés. Puisque ces derniers s'excluent ainsi toujours de fait l'un l'autre, on ne peut ni ne doit jamais s'attendre à voir l'Électrique, même une fois devenu lumineux, devenir calorifique, ni le calorifique, devenu de même lumineux, fonctionner en électrique ; et pourtant ne nous hâtons point d'inférer de là, ni que l'électrique ne passe au calorifique, ni que le calorifique ne retourne à l'électrique, car, s'il ne leur est point loisible de s'associer, il leur est parfaitement loisible d'alterner, et c'en est même là le spécial fonctionnement en exercice objectif.

Nul physicien n'ignore aujourd'hui qu'il est au pouvoir du Calorique de faire naître des courants électriques, et qu'inversement ces mêmes courants ne peuvent être notablement entravés ou contenus dans les fils conducteurs sans mettre également à jour du calorique porté parfois jusqu'à l'incandescence. Mais, là, le Calorique se déclarant toujours aux points d'arrêt et l'Électricité ne cessant jamais d'en parcourir avec une extraordinaire rapidité les intervalles, il nous est clairement manifeste que, autant ils sont propres à s'engendrer réciproquement, autant ils sont incapables de s'associer. Chez eux, la compatibilité *radicale* n'en requiert aucunement l'*actuelle*, et, pour pouvoir contracter alliance, ils doivent recourir à l'officieuse intervention de la lumière, leur seul moyen de raccordement indirect, formel ou relatif.

8. Nous savons déjà que le plus prompt des deux agents *extrêmes* à s'associer avec le *lumineux* est l'*électrique*. Prévenant en cela le calorifique, l'électrique brille ou rayonne nécessairement avant l'existence de la matière, fruit tardif de l'union du calorifique avec le lumineux bien longtemps après la première apparition de ce dernier à l'appel de l'électrique ; et, pour lors, le monde matériel ou concret n'existant pas encore, le premier théâtre du fonctionnement objectif *électrique* est le monde *imaginaire* intellectuel éclairé par la lumière à son aurore à l'aide de l'acte de réflexion dans lequel l'attention toujours vigilante de l'Absolu se perçoit immédiatement en qualité de terme visible et de principe invisible ; car, *originairement*, pour elle, ces deux aspects relatifs de son agir ne peuvent n'être pas identiques. Pour peu, néanmoins, que la même attention de l'Activité radicale s'arrête sur chacun de ces deux aspects manifestement corrélatifs — et par là même inséparables autant que distincts, et distincts autant qu'inséparables, — elle doit non seulement se trouver ou se reconnaître déjà bi-personnelle comme faisant à la fois office de sujet-

objet et d'objet-sujet, mais encore, à la suite de cette double reconnaissance, avoir constamment devant ses yeux ou se figurer en image ou représentation deux termes scintillants distants aussi bien que conformes, dont de nouveau, pour peu que la nouvelle position relative en apparaisse *absolue*, l'*absolue* commune radicale en doit s'invertir ou réapparaître *relative*.

A quoi bon toutes ces considérations purement théoriques, me direz-vous ici peut-être, et quelle connexion peut-il exister entre elles et le phénomène dont il s'agit présentement de rendre compte?.. La connexion entre elles et le phénomène en question ne saurait être plus étroite. Les idées dont l'ensemble vient d'être formulé, demandent à se traduire en faits. Or, justement, à chacune d'elles correspond un fait aussi particulier ; et de l'ensemble de ces faits particuliers résulte le phénomène général de la lévitation, présentement en cause. Car, tandis que le double fait d'une alternante *annulation* ou *duplication* de distance des deux images fournies par un spath nous est expérimentalement donné pour un simple et même mouvement apparent, la prémière chose à faire pour découvrir la raison de cette étrange alternative en pareil cas ne peut être présentement autre que le soin de bien spécifier tout d'abord en pensée le sens du propre fonctionnement préalable et caractéristique ou différentiel des deux images, et, pour cela, de s'enquérir (vu leur état évidemment flottant et formel de *fait objectif*, en principe vraiment un, mais de suite en quelque sorte escamoté pour reparaître immédiatement double en représentation ou fiction) du rôle possible à double face de chacune. Or c'est à quoi justement il vient d'être pourvu dans ce qui précède. L'image *absolue* primitive ne cesse point là d'être en soi toujours une ; mais, comme telle ou réelle, elle existe *en son vrai lieu* d'abord visible et de suite après invisible ; car nulle des deux images auxquelles elle donne le jour par sa transformation en elles n'en occupe la vraie place en leurs lieux respectifs. En outre, nulle de ces deux images issues d'elle par démembrement et partielles alors (puisque elles ne lui sont qu'en somme égales) n'est exempte de la même bissection que, en s'y substituant, elles lui font subir ; car l'individuelle position de chacune offre en relation verticillaire la même transformation d'apparition dont elle vient de nous donner l'exemple, comme nous aurons lieu de le reconnaitre bientôt en en constatant le caractère *sautillant* commun (§ 10). Toutes, et par conséquent tant la réelle convertible en formelles que les formelles reconvertibles en réelle, sont donc vacillantes à leur manière, comme l'étaient naguère en pensée pour nous les termes *objet-sujet* et *sujet-objet* issus de l'unique Acte absolu radical d'attention. Et n'importe, alors, que ces images flottantes surgissent (pour nous organiquement constitué de sensible) dans le monde de la matière, et que la matière en soit même autant l'occasion que le récipient : bien qu'elles surgissent à l'occasion aussi bien qu'au sein de la matière, une fois produites ou données en elle, elles n'en dépendent plus. Car, si elles en dépendaient, elles seraient aux ordres du calorique ou relativement *fixes*, contrairement à leur nature essentiellement variable, qui les rattache de préférence à l'Électricité. Cette variabilité leur convient donc pour une double raison : d'abord, pour donner prise en elles à ce dernier agent ; et puis pour en constituer le premier mode d'apparition imaginaire sous forme lumineuse.

9. Ainsi constituées en l'état perpétuellement disponible d'instantanéité parfaite, les deux images sont aussi mobilisables en l'espace libre que le sont les légers nuages flottant dans l'atmosphère ; mais l'impulsion vient aux nuages des courants atmosphériques, elle vient aux deux images des courants électriques ; et, tandis que les courants atmosphériques, radicalement indifférents à toute direction, se meuvent et poussent leurs termes mobiles respectifs (nuages) en tout sens, les courants électriques à direction radicalement unique par antagonisme dualiste ne se meuvent et ne poussent les leurs qu'en deux sens compris et superposés dans leur direction commune. Ni leur principe ni leur fin ne diffèrent d'ailleurs (d'après ce que nous savons déjà) des deux positions singulières dites, l'une *sensible* et *centrale*, l'autre *focale* et *périphérique*, avec possibilité de redoublement, chez chacune, de cette double fonction sur la direction

tangentielle où l'agent électrique, constamment indirect en lui-même, devrait être censé les emporter à l'état neutre, n'était l'incessante intervention (sous influence externe ou par initiative interne) des deux motions tendantielles *attractive* et *répulsive*, dont nous avons appris encore à nommer la première, comme portant du côté du centre, *centripète*, et la seconde, comme portant vers la périphérie, *centrifuge*. En principe, néanmoins, ces deux cas ne seraient point, pour absolue superposition, discernables ; et ce n'est ainsi qu'en ressort relatif qu'ils peuvent être ou devenir, d'abord distincts ou discrets, puis juxtaposés ou limitrophes. Dans les deux images en reflétant toutes les circonstances, nous devons donc en retrouver, parfaitement caractérisés, tous ces aspects stables ou instables ; et, pour mieux nous les représenter ici, nous les figurerons ainsi qu'il suit.

Il est à peine besoin de rappeler ici que, *concentrer*, c'est faire retour de contour à centre, et que *rayonner*, c'est revenir de centre à contour. Où, donc, l'activité se contracte *angulairement* ou mieux sous forme d'angle en *a* (fig. 3), il y a concentration; où la même activité s'étale inversement comme en *b*, le contraire arrive, car elle s'y disperse en rayonnant. Or, évidemment, ces deux actes opposés consécutifs ne sont bien qu'*intellectuellement* détachés l'un de l'autre ou discrets, et *sensiblement* ils se suivent de si près que nul intervalle appréciable n'est possible entre eux: ils s'ajoutent donc étroitement sommet à sommet comme en *c* (même figure), avec cette seule différence que, sans le moindre entre-coupement de leur simultanéité de fait, la priorité de mise revient plutôt à la concentration qu'à l'expansion. Tel est donc l'ordre *rationnel*: la concentration précède, l'expansion suit. Et tel est l'ordre *apparent*: la concentration et l'expansion s'opèrent à la fois. Après cela, nous pouvons aisément procéder à la recherche du jeu propre à l'activité radicale dans cette double opération.

Le jeu de l'activité dans cette double opération se divise en *apparent externe* et *latent interne*. L'apparent externe est *physique*, et peut être dit, sous cet aspect, *électrique*; mais le latent interne est *psychique*, et reste assimilable, identifiable même à l'*instinct*. Or, comment ou pourquoi se fait-il que, lorsque par l'acte de soulèvement du spath vers l'œil nous opérons, soit comme en *a*, soit comme en *b*, la superposition des deux images s'ensuit d'abord, et leur redoublement d'écart ensuite? Nous voulons bien admettre que le premier de ces deux effets s'opère par *attraction*, et le second par *répulsion*. Mais ni la superposition ni le redoublement d'écart ne se produiraient pas sans le *soulèvement* Donc, là, l'interne est aux ordres de l'externe, ou le psychique dépend du physique. Cependant, que produirait le physique sans le concours du psychique ? Il est évident que, le physique ne se différenciant point ici par lui-même comme constitué d'un même acte de soulèvement opéré d'ailleurs dans le même sens, il devrait produire constamment le même effet, s'il n'y subissait concurremment l'influence de rien. Donc, en même temps que le physique influe sur le psychique pour le mettre en branle, et que ce dernier en reçoit ou subit l'effet, ce dernier à son tour en détermine ou modifie l'effet général à sa façon en le spécifiant, et par là même en devient de son côté le principe plus prochain ou définitif et complémentaire. L'action phénoménique, extérieure, n'intervient donc que comme pour donner l'éveil à la nouménique, intérieure, toujours constituée vis-à-vis de la première dans le rapport de multiplicateur à multiplicande.

De ce que, maintenant, l'Objectif unique et le subjectif, d'abord également unique, mais immédiatement spécialisé pour réagir du même coup sur l'Objectif et le spécialiser à son image, se déterminent ainsi l'un l'autre chacun à sa façon, tout n'est pas dit pour cela sur la question présente; car la même question se reproduit sur le Subjectif radicalement unique à différencier dès son éveil en présence et dès la première aperception de l'Objectif. On en donne communément cette raison : que les deux termes corrélatifs issus de l'Absolu radical, se dédoublant intrinsèquement en *objet-sujet* et *sujet-objet*, apportent chacun d'avance, en eux-mêmes, une réelle *prédisposition* à fonctionner plutôt conformément à leur caractère inné fondamental qu'à l'acquis accessoire. Mais, en raison de l'*origi-*

nairement indispensable identité du Subjectif et l'Objectif, cette cause prétendue de différenciation n'est pas valable, ou du moins absolument et décidément valable seule, sinon à simple titre de motif déterminant. Dire prédisposition, c'est dire inclination, penchant. Mais ce qui penche et ne fait que pencher, ne tombe point encore ni toujours; et, pour qu'il tombe en effet, il faut un acte décisif déterminant la chute. A la prédisposition à fonctionner de préférence en premier lieu par attraction ou par répulsion doit donc s'adjoindre un acte positif sur lequel nous reviendrons plus tard et que nous désignerons par son propre nom (le *volontaire*); mais, pour ne pas entremêler ici les points de vue, tenons-nous-en à ce que nous venons de dire, et supposons la prédisposition renforcée de son complément obligé (le volontaire), cause de la spontanée conversion de l'*Absolu subjectif* originaire en agent principalement *attractif*, d'une part, et *répulsif*, de l'autre. Voilà notre problème actuel bien résolu déjà sous sa face différentielle absolue la plus apparente ou l'*opposition* de caractère; mais, sous son autre face implicite ou la *variabilité* de caractère, il reste irrésolu, si nous ne recherchons et disons en outre comment il est possible que le complément de la prédisposition, incidemment déjà signalé comme identifiable au volontaire, *se détermine lui même* plutôt d'une façon que d'une autre; et là-dessus nous en appellerons au caractère indiqué déjà mais non encore expérimentalement démontré — quoique expérimentalement démontrable — *sautillant*, — ou bien spécialement *électrique*, de tout agent absolu réputé *libre*; car la liberté réelle initiale consiste précisément en la pleine puissance absolue de se déterminer comme on veut ou sans autre mobile que son bon plaisir entre deux imaginaires, ce qui rejette bien toute la responsabilité de la détermination sur la seule *subjectivité* de l'agent libre.

10. La nouvelle expérience propre à mettre à jour et démontrer ce dernier point n'est pas moins originale que la précédente, faite (comme il a été dit en son lieu) par retournement du spath analyseur de 0° à 180° autour de l'axe de figure alors horizontalement disposé parallèlement au

plan fondamental. Elle lui ressemble même tout à fait en la manière d'opérer, sauf en ce seul point que, au lieu de s'effectuer — comme la précédente — dans un plan *vertical* (pour l'horizontalité de l'axe de rotation), elle s'effectue (pour la verticalité du même axe) dans un plan *horizontal*. Imaginons donc en la figure 2, dressé sur le plan fondamental en P, siège du point dédoublé dans le spath, un axe *vertical* autour duquel le cristal tournera cette fois *horizontalement*. Si nous avons en même temps le soin de disposer au début les deux *images* en droite ligne devant nous de telle sorte que l'*extraordinaire* soit par rapport à nous en avant au delà de l'*ordinaire*, nous nous apercevrons alors, en regardant d'en haut et bien verticalement *ainsi que d'un seul œil* les deux images, que l'extraordinaire est plus basse que l'ordinaire ; mais, si nous renversons cet ordre et reportons l'image extraordinaire entre l'ordinaire et nous, elle apparaît aussitôt, dans cette nouvelle position, plus haute. L'étrangeté de ce phénomène nous le fit, dès sa découverte, vérifier par d'autres personnes : toutes, sauf une seule qui d'abord avait paru vouloir ne pas y croire¹, confirmèrent notre manière de voir ; nous la croyons donc exacte. Mais, alors, d'où peut provenir un pareil échange de hauteur ? Dans les conditions objectives du phénomène, rien ne varie ; le point de vue subjectif seul s'y modifie. Donc, puisque là le sautillement apparent dépend réellement du Subjectif, — autant dans l'expérience du retournement en plan *vertical* le phénomène est d'origine *objective*, autant il est d'origine *subjective* dans la nouvelle expérience de retournement en plan *horizontal*.

11. Abordons maintenant en elle-même la question, réservée jusqu'à cette heure, du vrai principe absolu de tout le devenir en ressort imaginaire, théâtre vide primitif de toute matérialité. Nous chargions tout à l'heure un certain *Acte* de valider et compléter toutes les causes relatives de détermination réelle ; et nous avons dit par anticipation cet *acte VOLONTAIRE*. C'était provisoirement ériger en principe absolu de devenir la *Volonté*. Mais est-ce qu'il pour-

---

¹ Ce dissentiment s'explique peut-être par la défiance ou prévention préalable. Effet électrique !..

rait n'en être pas ainsi toujours dans la haute région des origines ? L'*intelligence* n'a pas certainement besoin de se renforcer de la volonté pour imaginer ou concevoir en tous cas les types du possible; ni, mise en présence de n'importe quels types une fois réalisés ou même seulement imaginaires, la *sensibilité* radicale n'est personnellement impropre à les goûter seule esthétiquement, ou bien encore à les percevoir physiquement. Mais s'agit-il de passer de l'un de ces deux ressorts à l'autre, ou bien de remplacer par la concentration *sensible* l'expansion *intellectuelle* ou par l'expansion *intellectuelle* la concentration *sensible*, ou bien encore de compliquer ensemble le *sensible* et l'*intellectuel* ou le réel et l'imaginaire: ni le Sens ni l'Intellect radicaux ne se suffisent plus pour ce double retournement inverse, si l'Esprit, évidemment variable en lui-même, ne les y prédispose par acte absolu *volontaire*, en attendant que, sous son inspiration *uniforme* aussi bien que *discrétive*, ils se déterminent *volontairement* eux-mêmes à leur tour à prendre ou à céder, chacun, du leur, pour aboutir finalement en commun au plus régulier nivellement de leur agir en toute direction et tout sens.

Le *sensible* et l'*intellectuel*, entrant mutuellement en relation, ne sont point hermaphrodites, mais androgynes ; le *volontaire*, au contraire, est essentiellement hermaphrodite, car il peut se modifier lui-même jusqu'à s'intervertir et s'annuler. Le sensible a besoin de l'intellectuel pour varier ; l'intellectuel a besoin du sensible pour évoluer : mais *à priori* le *sensible* ne peut se convertir en *insensible*, ni l'*intellectuel* en *inintelligent*. De son côté, le *volontaire* ne se convertira pas davantage, dans un certain sens, en *involontaire*, mais, dans un autre sens aussi réel quoique postérieur au précédent, il le pourra ; car, au lieu que le *sensible* a besoin d'être distendu par l'*intellectuel* pour se retourner contre lui-même, et que pareillement l'*intellectuel* a besoin d'être détourné de sa propre direction par le *sensible* pour tomber en contradiction avec lui-même, il suffit au *volontaire* d'être mis en présence de lui-même avec pleine possession de son autonomie, pour pouvoir ou se maintenir ou se démolir à sa guise. En une question aussi profonde et difficilement intelligible, l'emploi d'une comparaison propre à fixer les idées peut n'être pas inutile ; usons-en. Le *sensible*, naturellement centripète, ne se combat point, disons-nous, sans cause *formelle* d'opposition : c'est ainsi que tous les poids s'ajoutent, mis dans le même plateau d'une balance, pour ne s'opposer qu'après leur mise en deux plateaux distincts. De même l'*Intellect* n'entre jamais en intrinsèque opposition sans *sensible* placé sur sa direction en manière de miroir réflecteur ou d'obstacle infranchissable ; car, en voie libre, il se porte toujours en avant comme tous rayons lumineux projetés dans le vide et divergents. Mais, absolument envisagé, le *volontaire*, qui n'incline encore relativement ni vers le haut ou le bas, ni vers la droite ou la gauche, ne laisse point de pouvoir se mouvoir aussi bien en arrière qu'en avant sur sa trajectoire circulaire : il est donc susceptible d'opposition *absolue*.

12. Le rôle suprême autonomique du *Volontaire* une fois compris, occupons-nous d'en assigner la place en compagnie du *sensible* et de l'*intellectuel* pareillement mais en sous-ordre

autonomiques encore. Nous savons déja le rapport étroit existant entre l'*Intellectuel* et l'*Électrique*, dont l'union fonde le phénomène (spécialement considéré dans ce travail) de retournement actif lumineux substituant en plan vertical, à la concentration par attraction, le redoublement d'écart par répulsion ; d'où il suit que ce phénomène peut servir de type primitif au fait singulier de la *lévitation*. Nous savons également l'étroit **rapport** existant entre le *sensible* et le *calorifique*, dont l'unification suffit pour comprendre l'énormément aggravée reproduction du fait précédent primitif de la lévitation qu'on a coutume de désigner par le nom d'*état sphéroïdal*, et qui provient de soulèvement réalisé cette fois, non plus sans cause apparente, mais par cause très positivement percevable[1]. Or, tandis que (*objectivement*) d'une part, les deux agents physiques *électrique* et *calorifique*, et (*subjectivement*), d'autre part, les deux agents psychiques *intellectuel* et *sensible* ont trouvé par associa-

---

[1] Des vitesses ou tensions inégales ne se mêlent pas, mais se coordonnent ou subordonnent jusqu'à ce qu'elles se trouvent en équilibre.

tion convenable — place dans les deux susdites sortes d'union, *transcendante* l'une, *réelle* l'autre, — ni le *volontaire*[1] ni le *lumineux* n'ont encore trouvé pareille occasion de s'unir ou s'identifier ensemble dans un phénomène analogue à ceux de la *lévitation dite primitive* et de la *lévitation aggravée* qualifiée d'*état sphéroïdal* ; et, puisqu'en ce moment ils restent seuls disponibles à former couple ensemble, l'analogie nous porte à présumer après la conjonction-modèle effectuée des précédents agents qu'ils ne sont pas moins unifiables à leur tour. Mais, le Sens et l'Intellect étant deux puissances subjectives *extrêmes*, tout comme le Calorique et l'Électricité sont encore de leur côté deux agents objectifs ou physiques *extrêmes*, — si le *volontaire* et le *lumineux* s'unifient à leur tour de la même manière, c'est naturellement à titre, de puissance psychique *moyenne*, l'un, et d'agent physique *moyen*, l'autre ; et par conséquent le mode de lévitation leur revenant est comme un mode *moyen* intermédiaire entre l'extraordinairement léger primitif

---

[1] Le *volontaire* est là considéré comme personnification de l'*esprit*.

et l'énormément aggravé postérieur. Ici, donc, ce ne sont plus deux simples images sautillantes que nous devons nous attendre à trouver en présence et corrélation, ni pareillement deux foyers inégaux de chaleur représentés par deux petites masses de liquide en terre ou deux énormes globes stellaires aux cieux que nous voyons tenus en équilibre à distance ; mais en même temps que le calorique s'y réduit notablement d'une part et que l'Électricité s'y déploie proportionnellement de l'autre, nous y pouvons et devons voir le *volontaire* latent et le *lumineux* apparent ressortir à peu près également de manière à réaliser un troisième mode de lévitation *moyen* entre les deux précédents, comme offrant toute la virtuelle *ardeur* du *calorifique* sans ses apparences *physiques* et toute la *formelle* tenue de l'*Électrique* sans sa réduction au vain fantôme de pures images *visuelles*. Nous désignerons ce nouveau mode *moyen* de lévitation opposable aux deux extrêmes précédents *naturels*, par la dénomination opposée de *surnaturel* ; le mot *surnaturel* ayant là le sens de *transcendant* ou d'*héroïque*, sens parfaitement applicable dans le cas actuel. Car, si l'allure de l'*Électricité* peut devenir en principe infinie par entière spontanéité d'opération, et que l'échauffement du *calorique* puisse se pousser jusqu'à l'incandescence éblouissante, l'extensive virtualité de la *Lumière subjectivement personnifiée* doit par la même raison pouvoir sortir des voies ordinaires ou communes, et réaliser l'état transcendant, dit *magnétique*, dans lequel, le phénomène objectif restant le même, le principe en est au contraire exceptionnellement virtuel.

L'héroïsme n'éteint point les sentiments physiques, mais il les transforme au point de les rendre en quelque sorte impersonnels, ou bien il les *transpersonnifie* [1], réservant désormais le caractère *personnel* à la conscience morale, seule héritière de cette propriété quasi divine. Et, sans aller chercher au loin des exemples de cette métamorphose, nous pouvons déjà nous en faire une

---

[1] Si nous substituons à cette idée celle de transsubstantiation, qui n'a plus le même sens mais n'est pas moins applicable, l'idée pourrait n'être pas fautive, mais elle ne serait plus aussi profonde. Il y aurait ici beaucoup de choses à dire à ce sujet, mais ce n'est pas le lieu.

idée par ce qu'on éprouve au théâtre tragique, où l'on va, pas pour autre chose que son plaisir, pleurer au spectacle de situations affreuses mais éminemment intéressantes. Là, la peine, quoique bien ressentie comme peine mais reconnue pourtant employée comme simple moyen, se change, par cette dualité d'aspects consécutifs mais aussi concourants, en joie délicieuse. Or, si cette immédiate ou subite métamorphose du sentiment ne répugne point au moral, pourquoi ne serait-elle point également, sinon aussi facilement chez tous les sujets, réalisable au physique? Au moral, on la conçoit sans contredit plus aisément, car il y suffit, pour se la procurer, de tenir pour *fictifs* les sentiments pénibles appelés à servir d'excitateurs aux enivrants postérieurs : moyen incessant d'atténuation préalable non applicable au physique. Mais, à la place de ce moyen évident d'atténuation, il en existe, dans ce dernier ressort, un autre équivalent, et qui consiste cette fois, sinon dans l'enlèvement immédiat de la douleur tenue toujours pour feinte à cette fin, au moins dans l'*infinie rapidité* du passage de la douleur la plus profonde, mais constituée d'éléments *presque insensibles un à un et formant somme*, au *suprême plaisir* jaillissant d'aussi bas et proportionnel alors, non plus à la simple *somme*, mais au *produit* des mêmes actes radicaux subitement transformés en facteurs permanents. Ici, les actes physiques de douleur, n'agissant (par extrême division élémentaire) que capillairement pour ainsi dire, et l'extrême exiguïté s'en renforçant en outre d'une brièveté non moindre, le tout en traverse le Sens en manière de chatouillement intime, moins pour en amortir la jouissance continue de bien-être que pour l'entretenir ou la raviver, comme on voit cet effet résulter habituellement de quelques gouttes d'eau jetées sur un brasier ardent, inextinguible. Ainsi faite ou conditionnée, la souffrance physique devient donc elle-même une sorte de rêve ou de fiction ; mais l'*héroïsme* est toujours l'acte volontaire par lequel on se constitue dans ce bienheureux état et se maintient au-dessus de tout besoin, comme toute matière infiniment légère, insubmersible, flotte au-dessus des eaux de l'océan.

La vertu, sur la terre, tend naturellement à cet état parfait. Les stoïciens avaient en plein paganisme compris par la seule raison qu'elle y peut atteindre. Il est certain, néanmoins, que ce prodige arrive rarement ; mais, dès lors qu'il peut être sans prévention conçu réalisable, rien n'empêche de le concevoir aussi réalisé, - ce qui ne peut d'ailleurs arriver qu'en se figurant, non le principe sensible *immédiatement* séparé de sa fin aussi sensible ou du corps, mais ce même corps *médiatement* séparé du principe sensible comme par un glaive à double tranchant et devenu, par le fait même de cette simplement actuelle *inversibilité* d'états, d'autant plus propre à refléter désormais, à titre de pure objectivité, l'admirable disproportion existant entre la grandeur des résultats visés et voulus, avec la petitesse des moyens.

Ces étonnants résultats ne sont point, il est vrai, facilement intelligibles ; mais,—outre qu'il le fallait pour qu'ils pussent paraître étonnants, la préalable et certaine évidence *intrinsèque* ou *extrinsèque* des deux premières sortes de lévitation *électrique* ou *calorifique*, l'*une* doublant l'écart primitif des deux images, l'*autre* attestant ·e merveilleux passage de la matière obscure à l'incandescente, prouve que, malgré la complication de la *troisième* sorte de lévitation d'origine extrinsèque *lumineuse* mais intrinsèque *formelle et morale*, cette dernière sorte est toujours au moins foncièrement rationnelle ou possible comme l'est notoirement en certaines occasions privilégiées le *magnétisme* [1], et par là même, en cas de vraie réalisation, historiquement démontrable.

[1] Il serait aisé de déduire de là l'idée précise du *magnétisme*, puisqu'il peut être, à ce point de vue, défini : *la moyenne universelle* des innombrables opérations *électriques et calorifiques* qui doivent *en fait* y faire constamment retour parce qu'*en principe* elles en sortent.

FIN.

TABLE DES MATIÈRES

Avant-Propos..........................	§§
Introduction...........................	1
Division du sujet.......................	3
Expérience fondamentale de la théorie de la Lévitation, décrite en gros............	4
La même expérience décrite en détail et raisonnée.................................	5
La même expérience méthodiquement classée et généralisée..........................	6

FIN DE LA TABLE.

ERRATA :

5ᵉ Série, nº 5, pag 42, ligne 3 (en remontant) : lisez *au*, au lieu de *ou*.

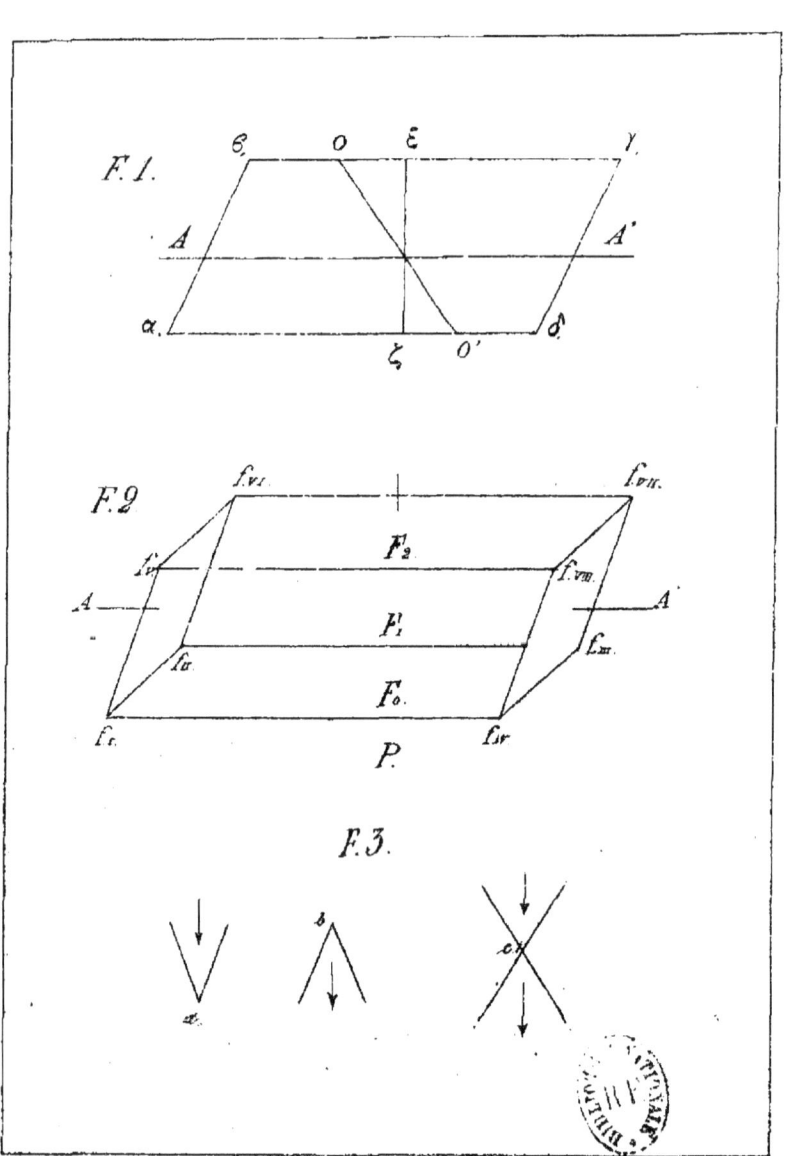

www.ingramcontent.com/pod-product-compliance
Lightning Source LLC
LaVergne TN
LVHW020108100426
835512LV00040B/1949